(Par Magné de Marolles, d'après
Barbier)

5516.

RECHERCHES

SUR

L'ORIGINE ET LE PREMIER USAGE

DES REGISTRES,

DES SIGNATURES, DES RÉCLAMES,

ET DES CHIFFRES DE PAGE:

DANS LES LIVRES IMPRIMÉS.

. . . . Qui se mirantur in illos
Virus habe: nos hæc novimus esse nihil.

A PARIS,

Chez BARROIS l'aîné, Libraire, quai
des Augustins.

M. DCC. LXXXIII.

AVERTISSEMENT.

Ces Recherches ont déja été imprimées dans l'*Esprit des Journaux* du mois de mai 1782. Je les publie ici de nouveau avec quelques augmentations & corrections importantes. J'ose me flatter particulièrement d'y avoir déterminé d'une manière satisfaisante, l'époque du premier usage des *signatures*, jusque-là mal connue de tous les Bibliographes. Il paroît que M. *De Bure*, rédacteur du *Catalogue des Livres rares & précieux* de feu M. *le Duc de la Vallière*, publié depuis peu, a regardé cette époque comme un fait désormais assez bien prouvé, puisqu'il s'en est servi pour fixer, par approximation, la date de quelques éditions non datées, ou souscrites d'une date fautive, notamment des Nᵒˢ. 606 (*Additions*) & 4446. Il est vrai que dans la notice de deux planches de bois gravées du *Donat*, dont les épreuves ont été insérées dans ce Catalogue (Nᵒ. 2179), il prétend prouver par la lettre C qui se trouve au bas de l'une de ces planches, *que l'usage des signatures dans les livres imprimés est plus ancien qu'on ne pense, & que ce n'est pas parce que les Imprimeurs ignoroient cet usage, qu'ils ne l'ont mis en pratique qu'affez tard.* Que M. *De Bure* me permette de lui obferver, qu'ici il ne paroît pas tout-à-fait d'accord avec lui-même. D'un côté, il dit (N°. 4446) que l'édition des *Epîtres d'Æneas Silvius*, connue par une fauffe date de 1458, ne peut être de 1468, comme fe l'eft perfuadé l'Auteur de la *Biblio-graphie inftruétive*, attendu que ce livre a *des fignatures, qui n'ont commencé à être en ufage qu'en 1474 :* de l'autre, il veut que *l'ufage des fignatures dans les livres imprimés* foit *plus ancien qu'on ne penfe.* Si, par *fignatures*, M. *De Bure* n'entend autre chofe que de fimples lettres telles que le C de cette planche du *Donat*, & par *les livres imprimés*, que ceux de l'efpèce du *Donat*, qui proprement ne font point des *livres imprimés*, mais *gravés* ; alors la contra-diétion difparoît ; & j'ai répondu d'avance dans ces Recherches à l'objeétion de ces prétendues fignatures. Si M. *De Bure* a voulu parler de véritables fignatures, telles qu'elles s'emploient dans les livres réellement imprimés, j'attendrai, pour me rendre, qu'il ait produit quelque édition *fignaturée* antérieure à l'époque de 1474.

RECHERCHES

Sur l'origine & le premier usage

DES REGISTRES,

DES SIGNATURES, DES RÉCLAMES,

ET DES CHIFFRES DE PAGE

Dans les Livres imprimés.

I.

DES REGISTRES.

LE REGISTRE (*Registrum chartarum*) qu'on trouve à la fin d'une grande partie des anciennes éditions, consiste à rappeller dans une petite table les premiers mots des feuillets composant la moitié de chaque cahier. C'est le premier moyen dont les imprimeurs se sont servis pour régler & faciliter l'assem-

A

blage des livres , & pour guider les relieurs.
CHEVILLIER (*Orig. de l'Impr. de Paris*) cite ,
pour le plus ancien qu'il connût, le regiftre qui
fe trouve dans le *Summa Alexandri Alenfis* ,
imprimé à Venife par JEAN DE COLOGNE en
1475 ; *MAITTAIRE* (*Ann. typogr.*) & M. de
MEERMAN (*Orig. typogr.*) celui du *Virgile* ,
imprimé à Rome par ULRIC HAN en 1473. Ces
bibliographes n'ont point connu la véritable
époque de cet ufage. On voit déja le regiftre
dans deux éditions d'ULRIC HAN non datées ,
mais qu'on fait être de 1469, ou 1470 au plus
tard ; favoir, les *Philippiques de Cicéron* , & le
Tite-Live ; ainfi que dans l'*Expofitio in Pfal-
mos* de *Jean de Torquemada* , en 1470, par le
même imprimeur. Ses éditions des *Tufculanes*
de *Cicéron* , en 1469 ; de *Suétone* , en 1470 ;
de *Juftin* , & du *Scrutinium Scripturarum* fans
date , mais de 1470 au plus tard , font fans regiftre. Enfin on le trouve dans quelques-unes
des éditions poftérieures de cet artifte , telles
que le *Virgile* de 1473 ; la *Margarita Poetica*
d'*Albert d'Eyb* , & les *Inftitutions* de *Juftinien* ,
en 1475 ; & dans quelques autres il ne s'en eft
point fervi. GEORGE LAVER qui a commencé
d'imprimer à Rome (au Monaftère de S. Eusèbe) dès 1470, a aufli pratiqué cet ufage de
très-bonne heure ; mais , de même que ULRIC
HAN , il n'a pas mis de regiftre à toutes fes éditions : car de fept des plus anciennes que j'ai
eues fous les yeux ; favoir, l'opufcule de S. Ba-
file, *Ad Juvenes Religiofos quibus ftudiis opera*

danda sit, imprimé sans date, conjointement avec le petit Traité de Xénophon *de Tyran-nide*, édition qu'il y a quelque raison de croire son essai, par conséquent de 1470 ; les *Homelies* de *S. Jean Chrisostome*, datées de 1470 ; le *Nonius Marcellus*, le *Justin*, le *Quinte-Curce*, & le *Quintilien*, sans date, mais certaine-ment imprimés entre 1470, & 1472 ; & le *Tractatus de institutione simplicium Confesserum* de *S. Antonin*, daté de 1472 ; de ces sept éditions, il n'y a que l'opuscule de S. Basile *Ad Juvenes Religiosos*, &c. & le *Nonius Mar-cellus* qui aient un registre.

Quant à SWEYNHEYM & PANNARTZ, autres célèbres imprimeurs de Rome, & qui y appor-tèrent l'Imprimerie ; je ne connois point d'édi-tions de ces artistes avec registre, tant qu'ils imprimèrent en société ; c'est-à-dire, depuis 1467, jusqu'en 1473 ; & je pourrois en citer ici bien près d'une trentaine que j'ai vérifiées, qui n'en ont point (1) ; mais je le trouve dans les

______

(1) Dans la première édition de ces *Recherches*, j'ai cité mal-à-propos le *César* & le *Lucain* de 1469, par SWEYNHEYM & PANNARTZ, comme ayant un re-gistre. Dans le *César*, au verso du premier feuillet, qui contient au recto la préface de l'éditeur, est une petite table sans aucun intitulé, qui rappelle seule-ment les premiers mots de chaque livre des *Commen-taires de César* ; pareille table intitulée, *Tabula hujus codicis*, se trouve à la fin de *Lucain* ; ce qui ne peut nullement s'appeller un registre pour l'assemblage du livre. M. DE BURE dans sa *Bibliogr. instr.* a fait la même faute, en appellant ces deux tables, & quel-

Epîtres de Sénèque, *l'Hérodote*, le *Josephe de Bello Judaico*, & le *Tractatus de veritate Catholicæ Fidei* de *S. Thomas d'Aquin*, quatre éditions publiées par PANNARTZ seul, en 1475. Au surplus, il sera bon d'observer qu'il est possible que dans quelques-uns des exemplaires que j'ai vus des éditions, tant d'ULRIC HAN, que de GEORGE LAVER, notées ici pour être sans registre, le feuillet qui le contient se soit trouvé arraché. Peut-être aussi les imprimeurs négligeoient-ils de l'ajouter sur un feuillet séparé, lorsque l'impression du livre finissoit de façon à remplir totalement le dernier cahier ; & s'ils l'ont fait, je soupçonnerois volontiers que ce feuillet isolé, & détaché du texte, a souvent été supprimé par les relieurs eux-mêmes, comme inutile après la reliure.

On peut conclure avec quelque certitude de ce que je viens de dire, que c'est à Rome qu'a commencé l'usage des registres d'assemblage. J'observerai même que cet usage étoit si bien

---

ques autres semblables qui se trouvent dans d'autres éditions des mêmes imprimeurs, des *registres de réclames pour l'arrangement des cahiers*, puisqu'elles sont absolument insuffisantes pour cet usage. Sans doute l'auteur du *Specimen Typographiæ Romanæ sæculi xv*, (Rom. 1778, in-8.) a pris aussi ces tables pour des registres d'assemblage; lorsqu'il dit (*pag.* 109) que SWEYNHEYM & PANNARTZ ont employé le registre dans leurs éditions, dès 1470. Observons cependant, que si ces tables ne sont pas des registres d'assemblage, elles en sont au moins la première idée, qu'on a ensuite perfectionnée.

établi parmi les imprimeurs de Rome, qu'il est rare de rencontrer une édition de cette ville sans regiſtre au XVe ſiècle, ſur-tout depuis 1474; comme on le verra encore mieux ci-après à l'article des Signatures: au lieu que dans toutes les autres villes où l'on a beaucoup imprimé à la même époque, telles que Veniſe, Milan, Padoue, Bologne, &c. en Italie; Nuremberg, Cologne, Augsbourg, &c. en Allemagne, rien n'eſt plus ordinaire que des éditions ſans regiſtre, ſoit avant, ſoit depuis l'introduction des ſignatures.

J'ai dit au commencement de cet article, que le regiſtre conſiſte à rappeller dans une table les premiers mots des feuillets compoſant la moitié de chaque cahier. On obſerve néanmoins quelque variété dans la formation des regiſtres; par exemple, dans une très-ancienne *Bible* en deux volumes *in-f°.* gothique, à deux colonnes, ſans chiffres, réclames ni ſignatures, de 47 lignes à la page, & dont le papier eſt timbré d'un *D* traverſé par une ligne perpendiculaire; *Bible* dont je n'ai vu que le premier tome, eſt un regiſtre qui n'indique que les premiers mots de chaque cahier, inſuffiſant par conſéquent pour régler l'aſſemblage d'un livre; & au contraire dans le *Libro degli huomini famoſi di Franceſco Petrarcha*, imprimé à Polliano près de Verone, en 1476, par INNOCENT ZILETTI, il s'en trouve un qui rappelle inutilement tous les premiers mots de la totalité des feuillets, & d'autant plus inutilement, que cette édition d'ailleurs est signaturée (1). Je remarquerai encore que les registres sont intitulés diversement ; savoir, *Registrum* ; *Registrum chartarum* ; *Registrum quinternorum foliorumque* ; *Tabula quinternorum*; *Tabula chartarum*, *Ordo foliorum*, &c. ; souvent même ils ne sont annoncés par aucun intitulé. Quelquefois aussi ils sont précédés d'un intitulé détaillé qui en explique l'usage (2) ; enfin, dans quelques-

____

(1) L'auteur du *Supplément à l'hist. de l'Imprimerie de Prosp.* MARCHAND s'est trompé en disant (page 136) qu'elle étoit sans signatures ; ce qui l'aura induit en erreur, c'est que les deux premiers cahiers ne sont point signés, & que les signatures ne commencent qu'au troisième par le *C*.

(2) Tel est le registre d'une édition de *Térence* sans date, & sans nom de ville (à Rome vers 1473) in-f°. par JEAN DE GENOENBACH, en tête duquel on lit : *Tabula qua invenire valeamus quomodo unum folium sequitur aliud, & quinternus quinternum. Itaque haec tabula est clavis foliorum & quinternorum libri Terentii.* Tel est encore le registre de l'édition du *Dante*, faite à Milan en 1478, *in-folio*, par LOUIS & ALBERT, *Piémontois*, qui est ainsi intitulé : *Se questo volume di Danti fosse muto disperso & dissipato potrassi per la presente tavola raccogliere & ordinare, perche qui e posta la prima parola dogni charta lasciando sempre stare la rubrica per non equivocare.* C'est-à-dire : « Si ce volume de Dante venoit à être » dispersé & éparpillé, on pourra, avec le secours » de la présente table, le rassembler, & le remettre » en ordre ; attendu qu'elle contient le premier mot » de chaque feuille, laissant toujours subsister la » rubrique (le numéro de chaque cahier) pour » parer à toute équivoque ». Notez que cette dernière édition est d'ailleurs sans signatures, quoi-

tins, les cahiers sont distingués par leur ordre numérique : *primus*, *secundus*, *tertius*, &c. mais la plupart n'ont point cette distinction.

Lorsqu'on eut imaginé les signatures, dont je fixerai ci-après l'origine, comme elles pouvoient remplir le même objet que le registre, les imprimeurs qui s'en servoient, se dispensèrent le plus souvent de l'ajouter à la fin de leurs livres : quelques-uns, par surabondance, joignirent le registre aux signatures, en distinguant alors assez ordinairement chaque cahier par sa lettre. Cette précaution même étoit quelquefois utile, & l'est devenue davantage, à mesure que les éditions ont vieilli. Comme il étoit assez d'usage autrefois de laisser en blanc le premier feuillet destiné à recevoir en miniature, ou les armoiries de l'acquéreur, ou quelque autre ornement à son goût, & que ce feuillet entroit ordinairement en compte dans la signature, en sorte que le second où commençoit le texte, étoit marqué *a* 2 ; alors ce premier feuillet venant à manquer, comme cela se trouve fréquemment ; sans le secours du registre qui en fait mention, en disant *prima vacat*, ou *prima alba*, on reste dans le doute, si ce feuillet manquant ne contient point quelque pièce préliminaire, & l'on ne peut s'assurer de l'intégrité du volume, qu'en

---

qu'elles fussent alors en usage dans les imprimeries de Milan, du moins dans celles de ZAROT & de LAVAGNA ; mais ici, les imprimeurs, au moyen du registre, les ont sans doute jugées superflues.

le comparant avec d'autres. Enfin , vers les dernières années du XVe siècle , on se contenta
de donner à la fin des volumes une simple liste
de toutes les lettres qui composoient la suite
des signatures , & de spécifier ensuite le nombre
de feuilles dont chaque cahier, distingué par sa
lettre , étoit composé ; en disant , p. ex. s'ils
étoient tous égaux : *Omnes sunt quaterni*, ou
quinterni ; & lorsqu'ils étoient inégaux : *Omnes
sunt quaterni*, &c. *exceptis* (désignant ici les
cahiers exceptés par leur lettre) *qui sunt terni*,
&c. ALDE MANUCE me paroît avoir été le premier auteur de cette méthode dans ses éditions
grecques du XVe siècle ; méthode qui a été suivie
assez généralement par les imprimeurs, tant qu'a
duré l'usage des registres ; c'est-à-dire , jusques
vers la fin du siècle suivant. Cet usage, au surplus,
a été bien plus général en Italie que partout ailleurs , sur-tout au XVIe siècle , où il est assez rare
d'en rencontrer dans des livres imprimés autre
part qu'en Italie.

I I.

DES SIGNATURES.

LA plupart des bibliographes n'ont fait re-
monter l'origine des signatures, dont l'objet est
le même que celui du registre , que vers 1476.
Plusieurs ont voulu qu'elles fussent connues dès

les commencemens de l'Imprimerie , & même qu'elles aient été usitées dans des manuscrits très-anciens , & antérieurs de plusieurs siècles à cette invention. Les uns & les autres se sont trompés ; & j'espère prouver qu'on n'en a jamais fait usage avant 1474, & que JEAN DE CO-LOGNE, imprimeur à Venise, est le premier qui les ait employées , ainsi que l'a déja dit avant moi le *Docteur MIDLETON* dans une dissertation sur *l'Origine de l'Imprimerie en Angleterre,* publiée en anglois en 1734, & depuis traduite en françois ; mais sans en apporter d'autre preuve que l'édition du *Lectura Baldi super codicem,* imprimée à Ve-nise en 1474 par JEAN DE COLOGNE, où il y a des signatures qui ne commencent que vers le milieu du volume ; singularité d'après laquelle il a conjecturé , que ce livre est le premier où elles ont paru, & que JEAN DE COLO-GNE n'imagina ce moyen de distinguer les cahiers que dans le cours de l'impression. Je n'ai point vu le *Lectura Baldi,* &c. mais j'ai eu sous les yeux non-seulement plusieurs autres éditions de cet imprimeur, datées de 1474, avec signatures, mais aussi des éditions du même, da-tées de cette même année, sans signatures ; ce qui est déja un fort argument en faveur de la conjecture du *D. MIDLETON* sur l'époque du premier usage de ce signe typographique ; me réservant à prouver ci-après que quelques édi-tions signaturées, de date antérieure à 1474, que l'on cite en preuve du contraire , sont fautives, ou ont été altérées dans leur date.

Les éditions de JEAN DE COLOGNE en 1474, avec signatures, que j'ai vues, sont 1°. le *Commentaire de Calderin fur Martial*, sans date de mois. 2°. Le *Tractatus de Excommunicationibus* de *S. Antonin*, *die XXIII septembris*. 3°. Le *Valere Maxime* sans date de mois. Les éditions sans signatures sont le *Tractatus de Restitutionibus, usuris, & excommunicationibus Francisci de Platea*, *die XXIII martii* ; & le *Salluste*, *die XXV martii*. JEAN DE COLOGNE continua l'usage des signatures dans ses éditions de l'année suivante (1475). On en voit dans le *Singularia Juris Ludovici Pontani* ; le *Martial* ; les *Dialogues de S. Grégoire* ; l'*Abbas Panormitanus in secundum Decretalium* ; les *Sermones de Sanctis de Léonard d'Udine* ; le *Summa Alexandri Alensis* ; toutes éditions publiées en cette année par cet imprimeur, & son associé JEAN MANTHEN DE GHERRETZEM. Je ne connois, en 1475, qu'une seule édition de JEAN DE COLOGNE, où les signatures aient été omises ; c'est celle de *Catulle, Tibulle & Properce*, avec les *Sylvæ de Stace* ; & cette omission ne doit s'attribuer qu'à une inadvertence aisée à supposer dans la pratique d'un usage alors tout nouveau.

A l'exemple de JEAN DE COLOGNE, LÉONARD DE BASLE imprima à Vicence en 1474, *un mese inver Natale* (c. à d., comme je crois, un mois avant Noël) le *Dita mundi de Fazio degli Uberti*, avec des signatures, mais singulièrement disposées, en ce qu'au lieu d'être placées au dessous de la dernière ligne à la dis-

(11)

tance ordinaire , elles en font éloignées de
deux pouces, en forte que, pour peu que les
marges de l'exemplaire n'aient pas été ména-
gées par le relieur, elles ne s'y trouvent plus.
Quant aux imprimeurs de Venife, je n'en connois point qui aient imité en cela l'exemple de
leur confrère dès 1474 ; & je ne connois d'éditions de cette ville en 1475, avec fignatures,
autres que celles de JEAN DE COLOGNE , que
les fuivantes ; favoir, le *Vita , tranfito e miracoli di San Hieronymo,* & la *Cité de Dieu* de Saint
Auguftin , par GABRIEL PETRI ; & *Lucain* ,
avec le *Commentaire d'Omnibonus* , fans nom
d'imprimeur.

Il n'y a point de fignatures dans le *Teforo di
fer Brunetto Latini,* imprimé à Trévife par GÉ-
RARD DE FLANDRE en 1474, le xvj.e décem-
bre ; mais on y trouve un regiftre curieux &
fingulier , & qui prouve en quelque façon la
nouveauté de cet ufage. Ce regiftre eft précédé
d'une courte explication au fujet des fignatures,
comme d'une chofe qui n'étoit pas encore bien
connue. *Per la qual cofa intendere* (eft-il dit)
elle da fapere chel primo quinterno a nome a ; *el
fecondo* b ; *el terzo* c ; *e cofi feguendo fin al de-
retano , el quale a nome* o. C'eft-à-dire : » Pour
» entendre ceci, il faut favoir que le premier
» cahier s'appelle *a* ; le fecond *b* ; le troifième *c* ;
» & ainfi de fuite, jufqu'au dernier qui s'ap-
» pelle *o* «. Les fignatures ainfi fuppofées, l'imprimeur commence fon regiftre, comme fi elles
fe trouvoient en effet dans le volume: *Incomin-*

cio adunque e dico chel primo quinterno el quale
e nome a cioe.

a	i	*comincia*	Qui comencia la tavola
		e finisce	Chiesa inalzoc nel
a	ii	*comincia*	Tepo di sancto Siluestro.
		e finisce	Della simia
a	iii	*comincia*	xlv del tigro. cap
		El quinterno finisce.	

& ainsi des autres cahiers. On remarquera que
ce registre diffère encore des registres ordinai-
res, en ce qu'il indique non-seulement les premiers, mais encore les derniers mots de chaque
cahier.

Mais ce qui m'a fort surpris, & même d'a-
bord un peu déconcerté, c'est de trouver les
signatures dans une édition du *Tractatus de Res-*
titutionibus, *usuris*, &c. faite à Cologne en
cette même année 1474, par JEAN COLHOFF
ou KOELHOFF; l'année y est énoncée en chiffres
arabes sans date de mois. Une édition avec signatures exécutée en Allemagne à cette époque, &
à plus de 200 lieues de Venise, pourroit faire
douter qu'en effet les signatures aient été ima-
ginées dans cette ville par JEAN DE COLOGNE.
Cependant je n'en persiste pas moins dans mon
opinion; & l'on avouera qu'il est aisé de croire
que l'imprimeur de Cologne, avant que de se
mettre à l'œuvre pour imprimer le Traité *de*
Restitutionibus, &c. a eu occasion de voir quel-
qu'une des éditions signaturées de son confrère
de Venise. Ils n'étoient pas à une distance assez

confidérable l'un de l'autre , pour que cela ne
foit pas très-vraifemblable , indépendamment
de la correfpondance & des relations mercan-
tiles qu'on peut naturellement fuppofer entre
JEAN DE COLOGNE , & les imprimeurs d'une
ville où il avoit pris naiſſance. J'avoue que cette
édition de KOELHOFF étant fans date de mois ,
& portant même date d'année que les éditions fi-
gnaturées de JEAN DE COLOGNE que j'ai citéer,
il n'eſt pas prouvé qu'elle leur foit poſtérieure ,
& je ne me diffimule pas qu'on pourroit , à raifon de cette incertitude , difputer à JEAN DE
COLOGNE l'invention des fignatures. Cependant,
pour peu qu'on faſſe attention qu'après Mayence
& Rome, Venife eſt la première ville où l'on
ait imprimé , & qu'à l'époque de 1474, l'Imprimerie y étoit plus floriſſante qu'en aucune autre
de l'Europe , foit par le nombre, foit par l'habi-
leté des artiftes qui l'y exerçoient, on convien-
dra fans peine que c'eſt plutôt de Venife que de
Cologne qu'on doit attendre des inventions
utiles au progrès de l'art.

Au furplus, il fera bon de remarquer au fujet
de cette édition du Traité *de Reftitutionibus,* &c.
faite à Cologne en 1474, que c'eſt une réim-
preffion de celle du même ouvrage exécutée à
Padoue l'année précédente avec cette date :
*M. CCCC. LXXIII. Nicolao Trono duce Vene-
tiarum regnante impreffium fuit hoc opus Paduæ
feliciter,* plutôt que de l'édition de JEAN DE
COLOGNE en 1474, dont il a été mention ci-
devant ; & que KOELHOFF a copié fi exacte-

ment cette édition de 1473, qu'après avoir daté la sienne de Cologne, & y avoir mis son nom, (*Impressique sunt Coloniæ per me Johannem Colhoff sub anno 1474*), il a ajouté à cette souscription une épigramme de six vers qui, dans celle de 1473, suit la souscription rapportée, & déclare le nom de l'imprimeur. Je transcrirai ici cette épigramme en entier, attendu qu'elle donnera lieu à quelques observations particulières qui ne sont pas étrangères à mon sujet.

> *Quem legis impressus dum stabit in ære carácter,*
> *Dum non longa dies, vel sera fata prement,*
> *Candida perpetuæ non deerit fama Basileæ,*
> *Phidiacum hinc superat Leonhardus ebur.*
> *Cedite, chalcographi : millesima vestra figura est ;*
> *Archetypas fingit solus at iste notas.*

J'observerai d'abord que cette épigramme n'appartient point originairement à l'édition du Traité de *Restitutionibus*, &c. de Padoue en 1473, & qu'elle y a été copiée (en changeant seulement, & cela aux dépens de la mesure des vers, les mots *Cremonæ* & *Bartholomæus* en ceux de *Basileæ* & *Leonhardus*) de trois éditions antérieures sans nom de ville, mais exécutées à Venise ou à Padoue. Ces trois éditions sont la première, du même Traité *de Restitutionibus*, &c. portant cette souscription : *M. CCCC. LXXII. Nicolao Truno duce Venetiarum regnante impressum fuit hoc opus feliciter.* La seconde, de *Virgile*, avec cette date : *M. CCCC. LXXII. Nicolao Tru-*

no principe Venetiarum quæ in hoc volumine con-
tinentur impreſſa ſunt feliciter. La troiſième eſt le
Vita, tranſito e miracoli di San Hieronymo,
avec une ſouſcription exactement conforme à
celle de la première, à la date près, qui eſt de
1473.

En ſecond lieu, cette épigramme, & particulièrement les vers: *Cedite, chalcographi : milleſi-
ma veſtra figura eſt ——— Archetypas fingit ſolus at
iſte notas*, prouvent que LÉONARD DE BASLE
& BARTHELEMI DE CRÉMONE, n'étoient pas
ſeulement imprimeurs, mais graveurs & fon-
deurs de caractères.

Enfin, je ferai remarquer que cette ſingularité bizarre, de la part d'un imprimeur, de copier dans une édition, ſouſcrite de ſon nom,
l'épigramme propre & caractériſtique d'une autre édition, & qui nomme l'artiſte par lequel
elle a été exécutée, ſingularité qu'on ne peut
attribuer qu'à l'ignorance de l'imprimeur, n'eſt
pas ſans exemple dans les éditions du XVe ſiècle. Je puis au moins en citer un, que je trouve
dans les *Ann. typogr. de MAITTAIRE*; VINDE-
LIN DE SPIRE a imprimé ſans date, (vers
1470) la *Rhétorique de George de Trebizonde*,
avec cette épigramme à la fin :

*Quæ ſuperat reliquas artes eſt facta Georgi
  Ars bene dicendi munere noſtra tuo.
Correxit Veneta Rhetor Benedictus in urbe :
  Hanc emas orator qui bonus eſſe velis.
Si neſcis ubi ſit venalis quære Lemanum
  Spiram, qui precii codicis autor erit.*

LÉONARD PACHEL réimprima cet ouvrage à Milan en 1493, & copia bonnement l'épigramme de VINDELIN à la fin de son édition, sans y rien changer. ZAROT fut plus adroit dans une édition de *Justin* en 1474; il y copia ce tétrastique qui termine celle de JENSON en 1470:

His as *veteres peregrinaque gesta revolvo*
 Justinus, lege me: sum Trogus ipse brevis.
Me Gallus Veneta Jenson Nicolaus in urbe
 Formavit, Mauro sub duce Christophoro.

Mais ce fut en changeant ainsi les deux derniers vers:

Quem manus Antoni Zarotto sanguine creti
 Impressit soleis, Insubribusque dedit.

ZAROT sans doute avoit un poëte à ses gages, & PACHEL n'en avoit point. Au surplus, ce larcin d'épigrammes que les imprimeurs se faisoient les uns aux autres, en y changeant simplement les noms, n'est pas chose rare dans les éditions du XVe siècle, ainsi que l'a déja remarqué l'auteur du *Supplément à l'histoire de l'Imprimerie de Prosper MARCHAND.* Mais revenons aux signatures.

Il paroît que le célèbre imprimeur de Venise, NICOLAS JENSON, ne s'en est servi pour la première fois que dans la *Bible,* ou dans le *Nonnius Marcellus;* deux éditions qu'il publia en 1476, après avoir imprimé cette même année

sans

(17)

sans signatures l'*Histoire Naturelle de Pline* en italien, de la traduction de *Landino*. Quant à VINDELIN DE SPIRE, autre célèbre imprimeur de la même ville, je ne puis assigner l'époque précise où il a commencé d'employer les signatures. Il en a mis dans deux éditions de 1477; savoir, celle du *Dante*, & les *Sentences de Pierre Lombard*. Je sais qu'il ne s'en servoit point encore en 1474; mais ne connoissant aucune édition sortie de ses presses en 1475 & 1476, je ne puis assurer la même chose pour ces deux années, pendant lesquelles il est vraisemblable qu'il n'est pas resté oisif.

En 1475, HERMANNUS LEVILAPIS *alias* LIECHTENSTEIN, imprima à Vicence avec signatures la *Cosmographie de Ptolomée*, & les *Statuta & ordinamenta communitatis Veronæ*; PIERRE MAUFER à Padoue, les *Commentaires de Gaietanus Thienensis* sur le *Traité d'Aristote de Animâ*; JEAN SCHALL à Mantoue, le *Scrutinium scripturarum* de *Paul de Ste Marie*, évêque de *Burgos*; MATHIAS MORAVUS à Naples, le *Junianus Majus Parthenopæus de priscorum verborum proprietate*.

En 1476, on commence à rencontrer les signatures plus fréquemment; c'est cette année qu'ANTOINE ZAROT, célèbre imprimeur de Milan, paroît les avoir employées pour la première fois dans une édition de *Quintilien*; & qu'à Paris, ULRIC GERING en fit l'essai dans le Traité *de Restitutionibus, usuris & excommunicationibus*; & il est à noter à l'égard de cette

B

édition, que des trois traités imprimés en même temps, & pour faire corps ensemble, il n'y a que le dernier (*De excommunicationibus*) qui porte des signatures ; comme si GERING n'en avoit connu l'usage que dans le cours de l'impression. Je trouve encore des signatures dans deux éditions faites à Pavie en 1476, par ANTOINE CARCHENO ; savoir, le *Commentum in quartum librum Decretalium Joannis Antonii de Sanclo Georgio ;* & les *Quasliones de Jure Emphytheotico Jasonis de Mayno.* On en voit pareillement dans le *Libro degli uomini famosi di Francesco Petrarcha ,* imprimé la même année à Polliano, près de Verone, par INNOCENT ZILETTI.

En 1477, je vois PHILIPPE LAVAGNA, imprimeur à Milan (1), se servir de signatures

---

(1) Il est bien vrai qu'on voit déja des signatures dans une édition d'*Horace,* faite par LAVAGNA en 1476 ; mais ces signatures sont placées à plus de deux pouces au dessous de la dernière ligne ; c'est-à-dire, plus bas encore que celles du *Dita mundi* de 1474 ; d'ailleurs elles sont hors de page, & tout-à-fait dans l'angle de la feuille, & qui plus est, à des distances inégales de la dernière ligne ; au lieu que dans le *Dita mundi,* elles s'alignent avec la justification de la page, & sont à une distance toujours uniforme. Je suis donc tenté de croire que ces signatures n'ont point été imprimées avec la feuille, mais ajoutées après coup, à la main, avec des caractères d'imprimerie. Cette position bizarre des signatures de l'*Horace* de 1476, fait que dans presque tous les exemplaires, elles ont dû être emportées, au moins

dans le *Valère Maxime* & les *Epîtres de Pline* ;
mais je ne puis dire, quant à présent, en quelle
année CHRISTOPHE WALDARFER, qui, après
avoir imprimé quelque temps à Venise, vint
s'établir à Milan en 1474, & y imprima beaucoup jusqu'en 1482, a commencé d'en faire
usage. Je sais seulement qu'il n'en a point mis
dans le *Justin* ; dans le *Lectura Baldi super primo
Decretalium*, ni dans les *Satyres de Philelphe*, mais
ces trois éditions ont leur registre d'assemblage.
En la même année (1477) JEAN FABRI à Turin,
emploie les signatures dans le *Decreta Sabau-
diæ* (1) : à Florence, l'imprimeur du *Monastère de
S. Jacques de Ripoli*, dans le *Perse* de *Bartholomæus Fontius*, & le *Confessionale volgare del
R. P. Frate Antonino* ; & NICOLO di LORENZO

† trois éditions de 1476;

---

en grande partie, dès la première reliure. En effet,
j'en ai vu un exemplaire dans sa reliure primitive,
où il n'en reste plus que jusqu'à F inclusivement ;
& dans l'exemplaire de la Bibliothèque du Roi à
Paris, qui est de seconde reliure, on ne voit plus
que quelques traces de l'A, du B, & de l'E. Il paroît qu'en cela l'intention de l'imprimeur a été que
les signatures se trouvassent supprimées comme
inutiles après avoir rempli leur dernière destina-
tion, c'est-à-dire, de guider le relieur ; & l'on peut
supposer la même intention à l'imprimeur du *Dita
mundi*.

(1) Cette édition est datée *Quinto decimo Kalendas Decembris*. Le même FABRI avoit déjà imprimé
en 1477, *Die XXIII Augusti*, la *Chronique des Pa-
pes*, dite *Martinienne*, in-4°. sans signatures.

DELLA MAGNA dans le *Monte Sanßo di Dio*; hors de l'Italie, PIERRE DRACK à Spire, dans le *Vocabularius Juris utriusque*; ARNOLD THER HOERNEN, à Cologne, dans l'*Historia Trojana de Gui Colonne*; & BARTHELEMI BUYER à Lyon, dans la *Légende des Saints nouveaulx*, & le *Miroir de la vie humaine*, traduit du latin de *Roderic, Evêque de Zamore*.

Je ne suivrai pas plus loin le progrès de l'usage des signatures; il suffira de dire qu'en 1478, il étoit reçu dans presque toutes les imprimeries de l'Europe: je dis presque toutes; car il se trouve beaucoup d'éditions de 1480, & au delà, qui n'ont point de signatures. Il semble même (& c'est ce que personne n'a remarqué avant moi) que quelques imprimeurs les ont constamment négligées, se contentant du registre, ou même sans y suppléer en aucune manière. De ce nombre sont les imprimeurs de Rome, dont (au moins jusqu'en 1489) je ne connois aucune édition signaturée. Il n'y a point de signatures dans les *Institutions* de *Justinien*, & la *Margarita Poetica* d'*Albert d'Eyb*, par ULRIC HAN; le *Pompeius Festus*, par REYNHARDUS DE ENYNGEN; le *Tibulle*, par G. TIBULLUS DE AMIDANIS; les *Epîtres* de *Sénèque*, *Hérodote*, *Josephe de Bello Judaico*, & *S. Thomas d'Aquin de veritate Catholicæ Fidei*, par PANNARTZ; *les Morales* de *S. Grégoire*, par SIMON DE LUCQUES; toutes éditions de l'année 1475. Il n'y en a point dans l'*Histoire Ecclésiastique d'Eusèbe*, & le *Tite-Live* italien de 1476, l'un

& l'autre d'ULRIC HAN, quoique son nom ne s'y trouve pas ; ni dans le *Theophylactus in Epistolas S. Pauli*, du même imprimeur, en 1477. Il n'y en a point dans le *Prolomée* d'AR-NOLD BUCKINCK, & l'*Albertus magnus de Animalibus* de SIMON DE LUCQUES, en 1478 ; le *Summa de Ecclesiasticá potestate* d'*Augustin d'Ancone*, imprimé en 1479, *In domo* FRANCISCI de CINQUINIS; l'*Origenes contra Celsum*, par GEORGE HEROLT DE BAMBERG en 1481 ; l'*Æ-gidius Columna de regimine Principum*, par ÉTIENNE PLANCK, en 1482; le *Manilius* sans nom d'imprimeur, en 1484; ni enfin dans les *Scriptores de re militari*, par EUCHARIUS SYLBER, en 1487; & le *Summa Joannis de Turrecremata contra Ecclesiæ & primatûs S. Petri adversarios* du même imprimeur, en 1489. Mais il est à remar-quer que de toutes ces éditions, il n'y en a pas une qui n'ait son registre d'assemblage.

Je n'ignore pas que le *Catalogue de la biblio-thèque de* M. CREVENNA, annonce une édi-tion avec signatures des *Commentaires de Calde-rin sur Juvenal*, exécutée à Rome en 1474; mais sur quoi est fondée la date d'impression qu'on lui attribue ? Sur cette souscription qui se lit à la fin du volume : *Domitii Calderini Ve-ronensis commentarii in Juvenalem cum defensione commentariorum Martialis, & recriminatione ad-versus Brotheum grammaticum ad Julianum Me-dicen Florentinum. Editi Romæ, Kl. septembris M. CCCC. LXXIV.* On connoît en bibliographie la valeur du mot *Editus*, employé comme il l'eſt ici, où il ne ſignifie pas plus *imprimé*, que dans l'édition ſi connue du *Liber de amore Camilli & Æmiliæ*, &c. dit à la fin : *Editus in domo Guilermi archiepiſcopi Turonenſis pridie kalendas januarii* 1467, & dans quelque autre qu'on pourroit encore citer ; mais plutôt, *produit, compoſé, mis au jour*. On remarquera d'ailleurs que cette date de 1474 placée à la fin d'une partie ſéparée de 10 feuillets, ayant pour titre : *Defenſio commentariorum Martialis*, &c. laquelle ſuit les *Commentaires ſur Juvenal*, & termine le volume, n'eſt que la répétition d'une première date qui ſe trouve à la fin de ces *Commentaires*, où on lit en tête d'un court avis qui en fait la concluſion : *Domitii Calderini Veronenſis ſecretarii apoſtolici in ſatiras Juvenalis ad clariſſimum Julianum Mediceu Florentinum, editi Romæ, cum ibi publice proſiteretur Kl. ſeptembris* M. CCCC. LXXIIII ; ce qui ſignifie aſſez clairement, comme ſemble, que ces *Commentaires* ont été compoſés, mis au jour, ou, ſi l'on veut, *dictés en chaire par Calderin*, lorſqu'il étoit profeſſeur de *Belles-Lettres à Rome, aux calendes de ſeptembre de l'année* 1474. Je ne crains donc pas d'aſſurer que cette date de 1474 n'a pas plus de rapport à l'impreſſion du livre dans un endroit que dans l'autre. Ajoutons ici que le R. P. *LAIRE*, auteur du *Specimen typograph. romanæ, ſæculi* XV, parlant d'une édition de *Juvenal avec les commentaires de Calderin*, citée par pluſieurs bibliographes ſous la date de 1474, obſerve que cette édition n'eſt autre choſe que l'édition du même

Juvenal, imprimée à Venise par JACQUES DE ROSSI en 1475 ; & que ces bibliographes ont été trompés en prenant pour date d'impression celle que nous avons dit se trouver à la fin de la partie intitulée : *Defensio commentariorum Martialis, &c.* & terminer le volume ; & faute d'avoir fait attention à la véritable date d'impression qui se trouve à la fin des *Satyres de Juvenal*, ainsi conçue : *Diligentissime opera & ingenio Jacobi de Rubeis , &c. VIII. Kal. Maias M. CCCC. LXXV , &c.* Mais l'édition de JACQUES DE ROSSI , contient, dit le P. *LAIRE* , le texte bordé par les commentaires; & M. *CREVENNA* dit positivement que celle qu'il possède ne contient que le commentaire sans le texte. Il s'agit donc ici d'une édition différente de celle de Venise en 1475. Mais telle qu'elle soit , il résulte de ce que je viens de dire, que c'est une édition sans date , & nullement de 1474 , que rien ne prouve d'ailleurs avoir été exécutée à Rome.

J'ai dit que les imprimeurs de Rome ne se font point servis de signatures , au moins jusqu'en 1489 ; je crois pouvoir assurer la même chose de PIERRE SCHŒFFER à Mayence jusqu'en 1485. Je n'en vois ni dans les *Sermons de S. Bernard* de 1475 , ni dans les *Institutions de Justinien* , & les *Clémentines* de 1476 , ni dans les *Decisiones Rotæ Romanæ* de 1477 ; ni dans le *Scrutinium scripturarum* de *Paul de Ste. Marie* , & l'*Expositio in psalmos* de *Jean de Torquemada* , tous deux de 1478 ; ni dans les *Decrétales de Grégoire IX* de 1479 ;

ni enfin dans les deux éditions latine & alle-
mande de l'*Herbarius* en 1484 & 1485 ; & il
est à remarquer que ces éditions font d'ailleurs
fans réclames, regiftre, ni chiffres de feuillets ;
fi ce n'eft l'édition latine de l'*Herbarius* dont les
feuillets font chiffrés. Ne feroit-ce point par
amour-propre que l'inventeur de l'imprimerie
n'aura voulu emprunter ni le regiftre des imprimeurs de Rome, ni les fignatures de ceux de
Venife ?

ANTOINE COBURGER, fameux imprimeur à
Nuremberg, & qui a publié un grand nombre
d'éditions depuis 1472, jufques vers 1510, n'a
pratiqué que fort tard l'ufage des fignatures. Il
n'y en a point dans la *Bible* de 1477 ; dans le
Vita Patrum de S. Jérôme, le *Vita Chrifti* de
Ludolphe, la *Somme* de S. *Antonin*, & les *Sermones de Sanctis* de *Léonard d'Utine*, toutes
éditions de 1478, ni même dans le *Platina de
vitis Pontificum* de 1481 ; mais il en a mis dans
le *Boëtius de confolatione philofophiæ*, qu'il imprima en 1483. Il ne s'en eft point fervi dans
le *Fortalitium fidei*, imprimé en 1485, mais il
les a remplacées par un regiftre. Tout ce que je
puis dire de FRÉDÉRIC CREUSNER, autre imprimeur de Nuremberg ; ainfi que d'ANTOINE
SORG, qui imprimoit à Ausbourg, c'eft qu'en
1477, ni l'un, ni l'autre ne faifoient point encore ufage de fignatures ; le premier n'en ayant
point mis dans l'édition de *Radicalis attefatio
Fidei orthodoxæ*, &c. ni le fecond dans celle
du *Lumen animæ* de *Mathias Farinator*, toutes

(25)

deux de cette année. JEAN ZAINER, à Ulm, ne s'en servoit point en 1478, témoins les *Sermones de Sanctis* de *Léonard d'Udine*, par lui imprimés en cette année. De ces trois éditions, les deux premières n'ont d'ailleurs ni chiffres, ni réclames, ni ~~registre~~. Celle des Sermons de *Léonard d'Udine*, seulement, a des chiffres aux feuillets. MICHEL WENSLER, à Basle, n'a commencé à employer les signatures qu'en 1479 dans une édition de la *Cité de Dieu* de *S. Augustin*. Il avoit imprimé l'année précédente (1478) les *Clémentines* sans signatures, chiffres, réclames, ni registre. Je voudrois pouvoir rendre cette nomenclature plus complette, en indiquant les époques auxquelles quelques autres imprimeurs renommés, qui ont exercé leur art avant & depuis l'invention des signatures, ont commencé à les employer ; mais les renseignemens me manquent pour en parler.

Il me reste à prouver que différentes éditions qui ont des signatures, & qui portent une date antérieure à 1474, sont fautives dans leur date, la plupart même de l'aveu de presque tous les bibliographes. La plus connue de ces éditions est la *Cosmographie de Ptolomée*, dite dans la souscription imprimée à Bologne par DOMINIQUE DE LAPIS en 1462. La fausseté de cette date est si généralement avouée, & les preuves de cette fausseté sont si connues, qu'on pourroit me reprocher un vain étalage d'érudition bibliographique, si je m'arrêtois à disserter sur un sujet aussi rebattu. On ne peut assigner avec certitude la vraie date de cette édition, mais il y a beaucoup d'apparence qu'au lieu de 1462, il faut lire 1482. Vient ensuite l'*Expositio sancti Hieronymi in symbolum apostolorum*, imprimé, dit la souscription, à Oxfort en 1468, & dont il existe un exemplaire dans la bibliothèque publique de Cambridge. Cette date est encore évidemment fausse, & détruite par les preuves historiques que l'on a de l'établissement de l'Imprimerie en Angleterre, postérieur de plusieurs années. C'est 1478, qu'il faut lire, au lieu de 1468. Il en est de même du *Mataratius de componendis versibus*, imprimé à Venise, par ERHARD RATDOLT, dont la souscription porte pour date la même année 1468; on doit lire comme dans l'édition précédente, 1478; puisqu'il est certain que RATDOLT n'a commencé d'imprimer à Venise qu'en 1475, en société avec BERNARD PICTOR, & PIERRE LOSLEIN DE LANGENCEN (1). Ce RATDOLT, l'un des plus

____

(1) M. DE *MEERMAN* (*Orig. typ. c. ix.*) observe que quelques bibliographes ont mal-à-propos attribué à RATDOLT l'invention des grandes capitales, ou lettres initiales ornées, appellées en latin *Litteræ florentes*, attendu qu'il s'en trouve dans les deux *Pseautiers* de Mayence, de 1457 & 1459, & dans le *Catholicon* de 1460. Il auroit pu ajouter que JEAN ZAINER à Ulm avoit déja employé cette sorte de lettres avant RATDOLT, puisqu'on en voit de deux pouces de hauteur, gravées en bois, & contournées & historiées avec assez de grace dans la *Biblia moralis*

habiles imprimeurs du XVe. siècle, n'a employé les signatures qu'en 1477. Il n'y en a point dans le (1) *Calendarium* de *Jean Muller* ou *Regio-*

& l'*Alvares Pelagius de Planctu ecclesiæ*, publiés par cet artiste en 1474, temps auquel RATDOLT n'avoit pas encore imprimé; & je doute même que depuis les *Pseautiers & le Catholicon*, seuls livres où les imprimeurs de Mayence aient employé ces grandes capitales, aucun autre imprimeur en ait fait usage avant ZAINER. Mais si RATDOLT, à parler rigoureusement, n'est pas inventeur à cet égard, au moins est il vrai que depuis 1475, il a paré toutes ses éditions, d'ailleurs parfaitement exécutées, de ces lettres initiales gravées en bois, & ornées avec beaucoup de goût, dans un temps où tous les autres imprimeurs (ZAINER excepté) les laiffoient en blanc pour être faites à la main.

(1) Faifons encore remarquer ici par occasion, d'après PROSP. MARCHAND. (*Dict. hist.* art. RATDOLT) une singularité de ce *Calendarium* de 1476; c'est un frontifpice qui par sa difposition typographique approche beaucoup de ceux d'aujourd'hui. Il est compofé de douze vers, commençant ainsi:

Aureus hic liber est : non est preciofior ulla
Gemma calendario, &c.

Au deffous de ces vers fe trouve la date, & les noms de RATDOLT & de fes deux affociés, BERNARD PICTOR, & PIERRE LOSLEIN DE LANGENCER, imprimés en rouge; le tout bordé par trois longues vignettes gravées en bois : une en tête de la page & horizontale, & les deux autres perpendiculaires à droite, & à gauche, ce qui forme un encadrement autour de la page, de trois côtés feulement.

montanus, imprimé par lui en 1476. Il y en a dans le *Dionyfius Alexandrinus*, ainfi que dans l'*Appianus* qu'il imprima en 1477.

MAITTAIRE cite une édition de *Térence* faite à Milan par ANTOINE ZAROT en 1470, qu'il avoit vue dans le cabinet du C. de *PEM-BROCK* à Londres, & que *PALMER* (*Hiftory of Printing*) dit avoir des fignatures. Et fur la foi de *MAITTAIRE* & de *PALMER*, *PROSP. MAR-CHAND*, dans fon *Hiftoire de l'Imprimerie*, n'a point héfité à donner ce *Térence* pour le premier livre imprimé à Milan. Moi, je crois pouvoir nier non-feulement les fignatures, mais l'édition même. Dire que ZAROT n'a point imprimé en 1470, parce que les premiers livres foufcrits de fon nom, font datés de 1473, ne feroit pas une raifon fuffifamment convaincante, d'autant plus que quelques bibliographes, & entr'autres *SAXIUS* (*Hift. typ. litt. Mediol.*) lui attribuent plufieurs éditions antérieures à 1473, d'après la conformité du type de ces éditions avec celui d'autres éditions foufcrites de fon nom ; favoir, un *Horace* de 1470, in-4°. fans nom de ville ; *Pomponius Mela* de 1471, in-4°. *Feftus Pompeius* de la même année, in-fol. ; & *Prifciani de partibus orationis compendium à Georgio Trapezuntio*, de 1472, in-4°. : trois éditions datées de Milan, mais fans nom d'imprimeur. Si j'obfervois qu'il n'eft pas vraifemblable que ZAROT, après avoir mis fon nom à une édition de 1470, l'ait celé dans plufieurs autres éditions fubféquentes, pour

ne plus se nommer que dans une édition de 1473,
& qu'il l'est encore moins qu'après s'être servi
de signatures en 1470, il en ait discontinué l'u-
sage pendant plusieurs années, pour ne le re-
prendre qu'en 1476, quelques personnes préoc-
cupées pourroient encore me contester ces in-
vraisemblances. Tâchons donc de prouver d'une
manière plus décisive que cette édition de *Térence*
en 1470 est une chimère, & que la date de l'exemplaire du C. de *PEMBROCK* avoit été altérée par
quelque faussaire, dans l'intention de le surven-
dre ; peut-être par *PALMER* lui-même , libraire
à Londres , & connu pour un homme très-capa-
ble d'un pareil tour d'adresse. (V. *MEERMAN*,
Orig. typ. T. 1 , pp. 142 . 233 & 252.) Et pour
prouver ce que j'avance , il ne s'agit que de
comparer la souscription de l'exemplaire du C.
de *PEMBROCK* , telle qu'elle est rapportée par
MAITTAIRE , avec celle de l'édition de *Térence*
publiée par ZAROT en 1481 , & transcrite par
SAXIUS sur un exemplaire de cette édition conservé dans la bibliothèque des Cisterciens de
S. Ambroise à Milan.

Souscription de l'exem- plaire du C. de PEM- BROCK.	*Souscription de l'exem- plaire de l'édition de 1481, cité par SAXIUS.*
Hoc opus quam dili- gentissime recognitum Joannes Legnanus Im- primi curavit Mediolani opera & impendio suo per Antonium Zarotum. M. CCCC. LXX. XIII. mar- tii.	Hoc opus quam dili- gentissime recognitum Joannes Legnanus im- primi curavit Mediolani opera & impendio suo per Antonium Zarotum. Anno domini M. CCCC. LXXXI. die XIII. martii.

Quoi! deux éditions de *Térence* achevées l'une
& l'autre en deux années différentes à pareil jour
du mois de mars! la rencontre est singulière. Mais
qui ne voit clairement que dans l'exemplaire du
C. de *PEMBROCK*, qui n'étoit autre chose que
l'édition de 1481, on avoit graté deux X, & l'u-
nité qui les suit, ainsi que le mot *die* ? Reste
l'*Anno domini* qui se trouve dans la souscription
rapportée par *SAXIUS*, & n'est point dans celle
que rapporte *MAITTAIRE* ; je ne vois pas de dif-
ficulté à le croire graté comme le reste, en supposant toutefois, comme il est très-possible,
que par inexactitude dans la transcription, il
n'ait pas été omis par *MAITTAIRE* ou ajouté
par *SAXIUS*. Il n'en résultera qu'un petit blanc
entre la souscription & la date, dont il seroit
aisé de trouver quelque exemple dans d'autres
souscriptions, & ce retranchement ne sera qu'un
moyen de plus employé par le faussaire pour
mieux masquer sa fourberie (1).

____

(1) Ce genre de fraude inspiré par la plus basse
avidité du gain n'est que trop commun dans le com-
merce des livres, & les amateurs d'anciennes éditions
doivent toujours être en garde sur ce point. Ce n'est
pas seulement sur ce *Térence* que *MAITTAIRE* a été
trompé par une pareille fourberie, & qu'il a induit
ses lecteurs en erreur. Le *Bartholomæus Anglicus de
Proprietatibus rerum*, qu'il donne pour imprimé en
1470 à Cologne, par *JEAN KOELHOFF*, est encore
une édition imaginaire annoncée d'après un exemplaire de celle de M. CCCC. LXXXIII, vu par lui dans
la bibliothèque du C. d'OXFORT, dont la date

Veut-on par surabondance un bien fort indice de la falsification de cette date de 1470 ? Ce sont ces mots : *Joannes Legnanus imprimi curavit*, &c. Qu'on parcoure dans l'Index donné par *SAXIUS* des éditions de Milan au XVe siècle, les souscriptions de celles qu'a publiées ZAROT, on verra que ce n'est que depuis 1480, que cette formule s'y trouve de temps-en-temps, & que dans toutes ses éditions antérieures, il est dit simplement : *Impreſſum per magiſtrum Antonium Zarotum*, sans spécifier qui a fait les frais de l'édition. Ce n'est donc qu'en 1480, que ce *Joannes Legnanus* (JEAN DE LIGNANO) qui paroît avoir été libraire, & non imprimeur, a commencé de faire imprimer à ses frais par ZAROT. Et je suis persuadé que l'objection que je fais ici contre la réalité de cette édition de *Térence*

- -

avoit été falsifiée. (V. *MEERMAN*, c. iij.) J'ai eu moi-même entre les mains une prétendue édition de *Pétrarque* avec les commentaires de *Philelphe* & autres, à Milan, par ANT. ZAROT, datée de M. CCCC. LXX. *A di primo di Agoſto*, au moyen du retranchement de je ne sais quels & combien de chiffres ; car je n'ai pu savoir quelle édition cet exemplaire représentoit, les bibliographes, & *SAXIUS* même, ne citant point d'autre édition de *Pétrarque* par ZAROT que celle de 1473, laquelle ne contient que le texte sans commentaire. Une ancienne édition sans date de l'*Opus de claris mulieribus* de *Boace* qui se trouve dans la bibliothèque de feu M. LE DUC DE LA VALLIÈRE à Paris, porte une date de M. CCCC. LXX. qui y a été ajoutée à la main avec des caractères d'imprimerie.

en 1470, n'a point échappé à *SAXIVS*; mais il l'a diffimulée, & cela ne m'étonne point de la part d'un écrivain, que fes préventions en faveur de fa patrie ont aveuglé au point de foutenir l'exiftence d'une édition chimérique des *Scriptores hiftoriæ Auguftæ*, faite à Milan en 1465, pour donner à cette ville la gloire d'avoir été la première, après Mayence, où l'imprimerie fe foit établie.

Il fe préfente encore une édition avec fignatures, dite de 1471 ; c'eft la *Légende de Jacques de Voragine*, imprimée à Cologne par CONRAD WINTERS DE HOMBURCH. Je n'en connois qu'un feul exemplaire, qui, du cabinet de M. *GAIGNAT*, a paffé dans la riche bibliothèque de feu M. *LE DVC DE LA VALLIÈRE*. C'eft cet exemplaire même que M. *DE BVRE* annonce dans fa *Bibliographie inftructive* (Nᵒ. 4619), fous la date de 1470 ; & en effet, il porte cette date, ainfi énoncée : (M. cccc. LXX.) Mais M. *DE BVRE* ayant depuis examiné le volume de plus près, à l'occafion de la vente des livres de M. *GAIGNAT*, dont il fut chargé, a cru, (dit-il, dans une note qui accompagne cet article du catalogue de M. *GAIGNAT*), *appercevoir quelques traces d'un j qui a été gratté pour vieillir l'édition, ce qui lui fait croire que la vraie date eft 1471.* J'ai eu moi-même occafion d'examiner ce volume, & j'ai reconnu qu'en effet la date avoit été gratée après le fecond X; & comme il refte peu d'efpace de ce chiffre au bord de la page, on a rempli cet efpace, &

terminé

terminé la ligne à la plume, par quatre gros points
difpofés en lozange. Du refte, je n'ai apperçu
aucun veftige de l'*y*, dont parle M. *DE BURE*.

D'un autre côté, *MAITTAIRE* (*T. 1, édit.
de 1719*) cite une édition de la même *Légende*
à Cologne, par CONRAD WINTERS DE HOM-
BURCH, en 1470. Mais il eft bon de remarquer
que dans la feconde édition de ce *T. 1er* des
Annal. Typogr. en 1733, cet article eft accompagné d'une remarque de *JACQ. BUNEMAN*,
par laquelle ce bibliographe obferve qu'une
édition de WINTERS, en 1470, lui paroît fort
fufpecte, attendu que la première édition connue
de cet imprimeur eft la même *Légende de Voragine*, en 1476; ce qui le porte à croire que
MAITTAIRE s'eft trompé; qu'il n'a vu que
l'édition de cette *Légende*, publiée par le même
WINTERS en M. CCCC. LXXX. (édition, dont
lui *BUNEMAN* pofsède un exemplaire, & dont
il rapporte la foufcription), & qu'il aura omis
par inadvertance un X, en tranfcrivant la date.
MAITTAIRE ajoute une réponfe à la remarque
de *BUNEMAN*, où fans paffer tout-à-fait con-
damnation fur l'erreur dont on le foupçonne,
il avoue néanmoins qu'il ne fe rappelle pas où
il a vu cette édition, ni la fource d'où il l'a tirée,
& qu'il a pu fe tromper fur cet article, comme
fur beaucoup d'autres. Et en effet, il y a toute
apparence qu'il s'eft trompé, ou plutôt qu'il l'a
été par quelque catalogue inexact; car ce qui
femble prouver qu'il n'a point vu l'édition qu'il
cite, c'eft qu'il n'en rapporte point la fouf-

C

cription. Il faut donc regarder cette édition de 1470 comme imaginaire.

Quant à déterminer la vraie date de l'exemplaire conservé dans la bibliothèque de feu M. *LE DUC DE LA VALLIERE*, cela est très-difficile. Cet exemplaire ne peut être de l'édition de 1476, caractérisée par une souscription toute différente, & par l'écusson de WINTERS. On seroit tenté de le croire de celle de 1480, dont la souscription rapportée dans *MAITTAIRE*, (*T. I, édit. de 1733, p. 412.*) est conforme à celle de l'exemplaire dont il s'agit, à un X près qui s'y trouve de plus, & sauf les abbréviations qui n'ont point été figurées; mais la conjecture seroit tout-à-fait hazardée; car, d'abord, on ignore si cette édition est signaturée, *BUNEMAN* n'en ayant rien dit; & d'un autre côté, cette même souscription de l'exemplaire de *BUNEMAN* porte immédiatement après la date (M. CCCC. LXXX.), *& per me Conradum Duffeldorf rubricata;* ce qui n'est point dans celui de M. *L. D .D. L. V.*

Supposera-t-on, pour expliquer cette différence, qu'il existe des exemplaires où ces mots ne se trouvent pas (variation qui n'est pas sans exemple dans les souscriptions des anciens livres); ou bien qu'ils ont été ajoutés avec la plume par l'écrivain qui a rubriqué l'exemplaire, & que *BUNEMAN*, en communiquant cette notice à *MAITTAIRE*, par inattention, les a copiés sans avertir qu'ils étoient manuscrits? Ces suppositions seroient bien gratuites.

Mais voici de quoi rendre la question encore plus embarrassante. J'ai eu sous les yeux une autre édition de la *Légende de Voragine*, in-fol. gothique, faite à Cologne, en 1481, par le même WINTERS, dont la souscription est absolument pareille dans son contexte à celle de l'exemplaire de M. *L. D. D. L. V.* (1), & n'en diffère que dans les abbréviations & l'orthographe ; mais il y a une différence plus tranchante entre les deux éditions, c'est que celle de 1481 n'a point de signatures.

Quelle est donc l'édition que représente l'exemplaire de M. *L. D. D. L. V.* ? C'est ce qu'il ne m'est pas possible de deviner. Mais, quelle qu'elle soit, elle ne peut être que postérieure à 1476, époque de la première édition connue de WINTERS ; j'oserois même dire, postérieure à 1481, puisqu'en cette année, WINTERS ne se servoit point encore de signatures. Parmi les éditions qu'il a données dans les années précédentes, je puis citer, pour l'avoir vu, le *Manipulus Curatorum*, de 1478, *in vigilia Ascensionis*, qui est pareillement sans signatures.

MAITTAIRE, après avoir annoncé l'édition sans date des *Epîtres* de *Gasparin de Bergame*, exécutée à Paris en *Sorbonne* par U L R I C

____

(1) Voici cette souscription : *Explicit hystoria longobardica diligenter impressa ac correcta : cū nōnullis sanctor ac sanctar legendis ī fine superadditis per me Conradū winters de Hombeich (*sic*) Colonie ciuī Anno dñi. Mcccclxxxi*

GERING & ses associés, & l'avoir rangée sous
l'année 1470, comme elle doit l'être, ajoute
en note à cet article une remarque, à lui communiquée par *BUNEMAN*, par laquelle ce bibliographe dit posséder une édition *très-ancienne*
de ces *Epîtres*, sans date, & sans indication de
ville, ni d'imprimeur, où l'on ne trouve ni
virgules, ni œ ; où les adverbes & les ablatifs
ne sont point accentués, &c. (1) ; où n'est point
l'épigraphe de huit vers qui termine l'édition de
GERING ; & qui porte des signatures, non
au-dessous de la dernière ligne, suivant l'usage
ordinaire, mais hors de page, à fleur des deux

(1) Je m'étonne que *BUNEMAN*, qui devoit être
familiarisé avec les anciennes éditions, donne pour
preuves d'une haute antiquité le défaut d'œ & de
virgules, & les adverbes & ablatifs non accentués.
Il lui suffisoit donc qu'une édition sans date du XVe.
siècle eût les œ pour la juger peu ancienne, tandis
que, dès avant 1470, l'œ étoit usité dans quelques imprimeries, & notamment dès 1467, dans celle de
SWEYNHEYM & PANNARTZ à Rome. La plupart des
autres imprimeurs, jusqu'en 1480 & même plus tard,
exprimoient l'œ par un e simple, ou accompagné
d'une cédille ; quelques-uns par *ae*. A l'égard des
virgules, à peine ont-elles été connues dans tout le
XVe. siècle, encore furent-elles long-temps figurées
par un trait droit & transversal, occupant tout le
corps du caractère, avant d'avoir la forme qu'elles
ont aujourd'hui. On n'a connu très-long-temps dans
l'imprimerie, que le point, les deux-points, & le
point interrogant. Pour ce qui est d'accentuer les
adverbes & les ablatifs, cet usage est encore bien
plus moderne.

dernières lignes, et couchées dans un sens op-
posé à l'impression de la page. Assurément, il
n'y a rien dans tout ce détail qui prouve que
l'édition soit de 1470, qu'elle soit de Paris ;
encore moins que ce soit l'édition de GERING.
Cependant, M. *DE MEERMAN*, qui vouloit des
signatures avant 1474, se sert de cette édition
pour appuyer son sentiment (*Orig. Typ. T. II,
pag. 28*), & dit en renvoyant à *MAITTAIRE*,
que l'édition des *Epîtres* de *Gasparin de Bergame*, exécutée à Paris en 1470, porte des
signatures (1) ; ce qui ne peut manquer d'in-
duire en erreur ceux qui n'ont pas vu l'édition
de ces *Epîtres*, faite en *Sorbonne*, par GERING ;
la seule reconnue par les bibliographes pour être
de 1470 ; la seule par conséquent que l'on
puisse caractériser par cette date, & même
indiquer comme faite à Paris, & qui dans le fait
n'a point de signatures ; ainsi que je m'en suis
assuré par mes propres yeux. Il résulte du détail
dans lequel je viens d'entrer, que M. *DE MEER-
MAN* a mal entendu l'article des *Ann. Typogr.*
qui concerne cette édition ; qu'il a confondu les
objets en faisant dire à *MAITTAIRE* ce qu'il n'a
point dit, & qu'enfin, l'édition citée par *BU-
NEMAN* est autre que celle de GERING, en 1470,

---

(1) Après avoir avancé dans le texte, que les
signatures ont été employées à Paris dès 1470, il dit
en note : *Gasparini Pergamensis Epistolæ Parisiis
editæ absque anni indicio signaturas agnoscunt.* Vid.
Maittaire, t. 1, Ann. Typ. pag. 293, Ed. 2. *Illas verd
jam anno 1470 prodiisse idem docuerat ;* pag. 25 seq.

& à coup fûr bien moins ancienne. (1) Il eſt bien vrai que *MAITTAIRE* ne s'eſt pas expliqué clairement en parlant de l'édition de GERING, & qu'en rapprochant les deux paſſages cités par M. *DE MEERMAN*, où il en eſt queſtion, on trouve quelque ambiguité dans le compte qu'il en rend. Mais il ſeroit trop long, & aſſez inutile d'examiner ici qui a eu tort le premier, de lui, ou de M. *DE MEERMAN*, en donnant fauſſement à entendre que cette édition a des ſignatures. Cette faute de M. *DE MEERMAN*, au ſurplus, a déja été copiée par plus d'un bibliographe, & récemment par l'auteur du *Specimen Typographiæ Romanæ ſæculi XV*, ouvrage d'ailleurs très-eſtimable. On y lit (*page 9*), que GERING a mis des ſignatures dans les *Epîtres de Gaſparin de Bergame*, en 1470. Rien de plus contagieux que les fautes en bibliographie.

M. *DE MEERMAN* cite encore des ſignatures dans une édition de la *Viſion de Tundal*, en langue flamande, faite à Anvers par MATHIAS GOES, & datée de 1472. Mais malheureuſement cette date ne cadre point avec l'époque à laquelle GOES a commencé d'imprimer ; ſoit qu'on s'en rapporte à *MAITTAIRE*, qui fixe cette époque à l'année 1488 ; ſoit qu'on aime mieux en croire M. l'avocat *JACQ. VISSER*, très-verſé

----

(2) La poſition bizarre des ſignatures dans cette édition me fait conjecturer qu'elle pourroit bien être de JEAN DE WESTPHALIE, qui en a mis de toutes pareilles dans l'édition des *Epîtres d'Æneas Sylvius*, en 1483, & dans celle de l'*Opus Ruralium commodorum* de *Petrus de Creſcentiis*, ſans date.

dans l'histoire typographique des Pays-Bas, qui
a publié le catalogue des éditions faites au XVe.
siècle dans ces provinces, & qui assure, en
reculant cette époque de six ans, qu'il faut lire
1482. (V. *le Catal. de la biblioth. de M. CRE-*
VENNA, T. VI, p. 35.)

Venons enfin à une édition dont il paroît plus
difficile d'éluder les conséquences, pour le fait
dont il s'agit, que de toutes les précédentes.
C'est le *Mammotrectus*, 1470, *in-fol.* imprimé
per HELIAM HELIJE, aliàs DELLOUFFEN,
canonicum Ecclesiæ villæ Beronensis, in pago
Ergowiæ sitæ, c'est-à-dire ; *par HELIE* fils
D'HELIE, aliàs DELLOUFFEN, chanoine de
l'Eglise de Munster en Argow, (au canton de
Berne en Suisse). Cette édition très-rare, &
dont il n'existe aucun exemplaire à Paris, a
véritablement des signatures, suivant la notice
authentique d'un exemplaire possédé par M.
DE BALTHAZAR G. Trésorier de la république
de Lucerne, laquelle m'a été communiquée par
M. *l'ABBÉ DE S. LEGER,* à Paris. » Au bas
» de chaque colonne (dit cette notice), il y
» a une signature avec les lettres de l'alphabet
» *a, b, c, d,* &c., & l'alphabet fini, il recom-
» mence, excepté la lettre *w* qui ne s'y trouve
» point «. On sent que cette explication laisse
quelque chose à desirer. Malgré cela, voilà des
signatures dans une édition datée de 1470. Ici
point d'erreur d'impression à soupçonner dans
les chiffres, car la date est énoncée en toutes lettres : *Sub anno ab incarnatione domini millesimo*

quadringentesimo septuagesimo in vigilia Sancti Martini, Episcopi. Ce qu'il y a de fort singulier, c'est qu'il existe une autre édition du même livre par Pierre Schœffer, à Mayence, datée de 1470, *in vigilia Martini,* que j'ai eue sous les yeux. J'avoue que je suis presque convaincu que l'Imprimeur-chanoine, en publiant son édition plusieurs années après celle de Mayence, aura, par des raisons particulières, ou par je ne sais quelle bizarrerie, jugé à propos de l'antidater, & de copier la date de celle de Schœffer. Car est-il vraisemblable, en supposant la date véritable, qu'il ait achevé d'imprimer précisément le même jour que Schœffer achevoit d'imprimer à Mayence, *la veille de la Fête de Saint Martin?* Et s'il a copié la date de mois, pourquoi n'aura-t-il pas copié de même la date d'année? D'ailleurs, voici encore une forte raison de croire cette date falsifiée à dessein. J'ai vu deux éditions du *Speculum vitæ humanæ* de *Rodric, Évêque de Zamore,* l'une de 1471, & l'autre de 1473, exécutées par le même *Helias Helye,* chanoine de Munster en Argow, lesquelles sont l'une & l'autre sans signatures, comme sans chiffres, réclames, ni registre; & l'on avouera qu'il est peu croyable que cet imprimeur, s'il eût employé les signatures en 1470, eût négligé cet usage en 1471 & 1473.

Quant à ce que dit M. de Marannan, d'après les *Observations d'un Anonyme sur l'origine de l'Imprimerie,* insérées dans les *Transactions philosophiques de Londres,* ann. 1703, N°. 288, & depuis traduites en latin dans les *Mémoires*

Typograph. Wolfii, T. II, p. 981 & *fuiv.*; favoir qu'on trouve des fignatures dans des manufcrits très anciens; vérification faite des paffages cités, je n'y ai vu qu'une affertion vague & dénuée de preuves de la part de cet anonyme, qui après avoir fait mention de l'*Hiftoire de l'ancien Teftament*, gravée en bois, avec des explications, & de la *Vie de S. Jean*, avec l'*Apocalypfe*, exécutée dans le même goût, obferve que chaque feuillet, dans l'une & dans l'autre, eft marqué d'une lettre de l'alphabet, ce qu'il lui plaît d'appeller des fignatures (*figna*); *qualia* (ajoute-t-il) *fæpè in variis codicibus, ante mille & plures annos exaratis, litteris vel notis numeralibus indicata obfervavi*. C'eft-à-dire : » Telles » que je les ai fouvent obfervées dans des ma- » nufcrits de 1000 ans & plus, où elles font » figurées par des lettres, ou par des chiffres «. Il eft bien vrai que l'*Hiftoire de l'ancien Teftament*, ainfi que la *Vie* & l'*Apocalypfe de S. Jean*, à quoi l'on peut encore ajouter l'*Ars moriendi*, ont au milieu de chaque page les lettres dont parle l'anonyme: on trouve même au bas de la page d'un *Donat*, gravé fur planches de bois, dont l'épreuve a été inférée dans le *Catalogue des livres de* M. LE DUC DE LA VALLIÈRE; on y trouve, dis-je, au bas de cette page, & placé au même endroit où fe placent les fignatures, un *C* gothique; mais je nie que ces lettres doivent s'appeller des fignatures : elles ne tiennent là que la place d'un chiffre, & il y a encore affez loin de ce procédé fimple & qui a dû être connu de tout temps, à

l'idée de marquer d'une lettre accompagnée
d'un chiffre progressif la moitié des feuillets de
chaque cahier d'impression. Et d'ailleurs, s'il
existoit réellement de très-anciens manuscrits
avec des signatures, il faudroit encore vérifier
si elles sont du même temps, & si elles n'y ont
pas été apposées après coup. Je ne vois pas
même une véritable utilité dans cette pratique
pour les manuscrits. Il étoit si facile à un écrivain, lorsqu'il ne s'agissoit que d'un seul volume,
de conserver l'ordre des cahiers, soit par des
chiffres aux feuillets, soit par des réclames à la
fin de chaque cahier, qu'on n'a pas dû se mettre
l'esprit à la torture pour imaginer d'autres moyens
que ceux que de tout temps on a eus sous la
main ; puisqu'il est vrai qu'on trouve assez ordinairement, soit des chiffres, soit des réclames,
dans les anciens manuscrits, au moins depuis le
XIVe siècle ; car en remontant plus haut, les
uns & les autres sont fort rares. Il n'en est pas
de même de l'édition d'un livre imprimé, où
il s'agit de l'assemblage de plusieurs centaines
d'exemplaires; & pour qui connoît les détails
de l'Imprimerie, il est aisé de sentir que les
chiffres, les réclames, & même les registres,
ne remplissoient pas cet objet aussi parfaitement, & avec autant de commodité que les
signatures. Enfin, je demanderai à ceux qui
veulent que l'usage des signatures ait été pratiqué dans les manuscrits, pourquoi les imprimeurs
ne s'en sont pas au moins servis quelquefois, avant
1474, comme ils se sont servis de réclames &

de chiffres avant cette époque. En un mot, quoi qu'en ait dit l'*Anonyme des Transactions philosophiques*, je n'ai vu les signatures dans aucun ancien manuscrit, & plusieurs personnes bien plus familiarisées que moi avec les manuscrits, m'ont assuré la même chose.

I I I.

D E S R É C L A M E S.

LA réclame, qui consiste à indiquer à la fin d'un feuillet, ou d'un cahier, le premier mot du feuillet, ou du cahier suivant, & dont l'usage est le même que celui du registre, ou des signatures, savoir, de faciliter l'assemblage & la reliure des volumes, n'est point, comme je l'ai déja dit, une invention des imprimeurs. On trouve les réclames (en latin *custodes*, ou *reclamantes*,) dans beaucoup d'anciens manuscrits à la fin de chaque cahier; le plus souvent horizontalement au-dessous de la dernière ligne, quelquefois perpendiculairement à l'extrémité de la marge du dehors, ou de celle du fond. Le premier livre imprimé où l'on trouve des réclames, est le *Tacite* de Venise, par JEAN DE SPIRE, sans date, mais de 1468, ou 1469; & elles y sont, non pas seulement à la fin de chaque cahier, mais à la fin de chaque feuillet; sans doute parce que le manuscrit qui servit à

l'impreſſion les avoit ainſi. Je remarquerai ici
en paſſant, que cette méthode de mettre des
réclames à chaque feuillet ſe pratique aujour-
d'hui dans preſque tous les pays étrangers,
au lieu qu'en France, nos imprimeurs n'en
mettent qu'à la fin de chaque cahier. On voit
des réclames dans le *Medicina dell'anima*, autrement *Confeſſionale* de *Saint-Antonin*, imprimé à Bologne en 1472, ſans nom d'imprimeur, *in-4°*. Elles y ſont à la fin de chaque
cahier, lorſque le ſuivant ne commence pas par
une capitale, et poſées perpendiculairement à la
marge du dehors. On en voit pareillement à la
fin de chaque cahier dans la *Théſéïde* de *Bocace*,
imprimée à Ferrare en 1475, par AUGUSTIN,
fils de BERNARD, *in-fol*. Il y a encore des réclames dans une édition du *Commentaire* de
Servius ſur Virgile de 1475, *Kalendis decem-
bribus*, *in-fol*. ſans nom de ville, ni d'imprimeur ; & ces réclames ſont poſées tantôt à la
marge du dehors, tantôt à celle du fond, &
quelquefois ſous le milieu de la dernière ligne.
MAITTAIRE, d'après lequel je cite cette édition, ne dit point ſi elles y ſont à chaque
feuillet, ou ſimplement à la fin de chaque
cahier. Il y a des réclames, mais à la fin de quelques cahiers ſeulement, dans le *Priſcianus* de
1476, à Veniſe, par JEAN DE COLOGNE, *in-
folio ;* édition qui d'ailleurs a des ſignatures.
Enfin, il y a des réclames à toutes les pages dans
l'*Hiſtoire eccléſiaſtique d'Euſèbe*, imprimée à
Mantoue, par JEAN SCHALL en 1479, *in-folio ;*

(45)

& l'on remarquera que l'imprimeur qui s'étoit
déja servi de signatures dans le *Scrutinium
Scripturarum*, publié par lui en 1475, n'en a
point mis dans cette édition, & qu'il a jugé à
propos d'y suppléer par des réclames. Ces six
éditions avec réclames, antérieures à 1480,
sont les seules dont j'aie connoissance ; il y en a
sans doute beaucoup d'autres que je ne connois pas. Cependant, elles ne devinrent com-
munes que vers la fin du XVe. siècle. Ce fut à
cette époque qu'ALDE MANUCE sur-tout com-
mença à les mettre en vogue ; il les employoit
tantôt à la fin de chaque cahier de signature,
tantôt à la fin de chaque feuillet. Il y en a dans
le *Pseautier grec*, sans date, mais qu'on croit de
1495 au plus tard, & le premier livre sorti de
ses presses, ainsi que dans le *Thesaurus cornu-
copiæ* de 1496. Ce dernier a non-seulement des
réclames, mais des signatures & des chiffres,
& il est encore bien rare à cette époque de
rencontrer ces trois choses réunies. Ce n'est
point ALDE cependant qui en a donné le premier exemple ; mais probablement son beau-
père, ANDRÉ TORREGIANI D'ASOLA, qui, dès
1488, avoit mis des chiffres, des réclames &
des signatures dans l'édition des *Epîtres de S.
Jérôme*, publiées par lui cette année à Venise,
en 2 vol. *in-fol.* ; & il est à remarquer que les
chiffres qui sont romains s'y trouvent au bas
des pages, à côté des signatures. ALDE a mis
des réclames dans son édition d'*Aristote*, publiée en cinq tomes, depuis 1495 jusqu'en

1498, & dans quelques autres éditions grecques qu'il a publiées avant 1500. Mais l'usage
n'en est devenu uniforme & général dans les
imprimeries que vers le milieu du siècle suivant.

I V.

DES CHIFFRES.

LE plus ancien livre où j'aie vu des chiffres aux
feuillets, est l'*Opus de claris mulieribus* de *Bocace*,
imprimé à Ulm en 1473, par JEAN ZAINER,
in-fol. (1). Il y en a pareillement dans le *Vitæ
Patrum* de *S. Jérôme*, *in-fol.* du même imprimeur, sans date, mais parfaitement conforme
pour le caractère à l'édition précédente, & probablement de la même année, ou à-peu-près.
Il y en a dans le *Compendium Theologicæ veri-
tatis* d'*Albert le Grand*, *in-fol.* sans nom de
ville, nom d'imprimeur, ni date, mais où se
trouve une table des matières, dite avoir été
rédigée, en 1473, par *Mathias Dornberg*, de

(1) J'observerai que M. DE BURE (*Bibliogr.
instr.*, N°. 1325) en cite un plus ancien, & où
les chiffres se trouvent dans le milieu des marges
de côté; c'est l'*Opus de remediis utriusque fortunæ*,
d'*Adrien le Chartreux*, imprimé à Cologne par
THER HOERNEN en 1471; ne l'ayant point vu, je
n'en parle ici que pour mémoire.

Memmyngen; ce qui fait croire cette édition, qui d'ailleurs paroît fort ancienne, exécutée dans la même année. Et non-seulement les feuillets y sont chiffrés au milieu de la marge d'en haut (*f.* 1, *f.* 2, &c.); mais, comme l'ouvrage est divisé par livres, chaque livre est indiqué en titre courant au verso de chaque feuillet (*Liber primus, liber secundus,* &c.) en regard avec le chiffre du feuillet suivant. On trouve des chiffres aux feuillets dans les *Quæstiones de Jure Emphiteotico Jasonis de Mayno,* imprimées à Pavie, par ANT. CARCHENO, en 1476, *in-fol.;* dans le *Guerino Meschino* de Venise, en 1477, *in-fol.* par GÉRARD DE FLANDRE; dans les *Sermones de Legibus* de *Léonard d'Udine,* à Paris, même année, *in-fol.* par ULRIC GERING; dans les *Sermones de Sanctis,* du même, à Nuremberg, chez COBURGER, en 1478, *in-fol.;* & dans la *Margarita Poetica* d'*Albert d'Eyb,* de 1480, *in-fol.,* sans nom de ville, ni d'imprimeur; & l'on observera que de ces cinq éditions chiffrées, la première (celle de 1476) est la seule qui ait des signatures, quoique l'usage en fût dès lors très-commun, & que les imprimeurs qui ont exécuté les quatre autres (COBURGER excepté), les eussent déja probablement employées dans d'autres éditions; ce que je puis assurer au moins de GERING, qui a commencé de s'en servir en 1476. Ils croyoient sans doute pouvoir s'en dispenser en chiffrant les feuillets. A la vérité, la *Margarita Poetica,* outre les chiffres, a encore un registre d'assemblage.

Il y a des chiffres, mais accompagnés de fignatures, dans une édition des traités de grammaire
de *Nonius Marcellus, Feftus Pompeius*, & *Teren-
tius Varro*, à Parme en 1480, fans nom d'imprimeur, *in folio*. Enfin, on voit encore des
chiffres dans le *Quarefimale di Fra Roberto*,
in-4°., & le *Panegyrici veterum*, de même format, l'un & l'autre imprimés à Milan par ZAROT
en 1482, & dans la *Légende de Voragine*, en
anglois, imprimée à Weftminfter par GUIL-
LAUME CAXTON en 1483, *in-fol*. De ces trois
éditions, j'ignore fi les deux premières citées par
SAXIUS ont en outre des fignatures, mais il y
en a dans la *Légende* angloife. Quelques imprimeurs, par bizarrerie, ont placé les chiffres au
bas des feuillets, où ils tiennent lieu de fignatures, ainfi qu'on le remarque dans le *Tractatus
Vincentii de Bandelis de fingulari puritate, &c.
Conceptionis Salvatoris D. N. J. C.*, à Bologne
par HUGUES DE RUGERIIS en 1481, *in-4°.*; dans
les *Sermons de S. Léon*, en Italien, à Florence,
fans nom d'imprimeur, en 1485, *in-fol.*; dans
les *Epîtres de S. Jérôme*, de 1488, à Venife,
par ANDRÉ TORREGIANI, édition déja citée à la
fin de l'article précédent, qui en outre a des
fignatures; & dans le *Pfalterio en lengua Caf-
tellana*, fans date, vers 1500, *in-4°.*

Au refte, je m'étonne que les anciens imprimeurs, fur-tout dans le temps que les réclames
& les fignatures n'étoient point encore ufitées,
ne fe foient pas fervis de chiffres qui pouvoient y
fuppléer, quoiqu'imparfaitement, pour l'affem-
blage

blage & la reliure des livres : j'en suis d'autant plus surpris, que très-souvent on trouve dans les anciennes éditions des tables qui renvoient aux feuillets indiqués par leurs numéros, les supposant chiffrés à la main ; & cela ne se rencontre pas seulement dans les plus anciennes, puisqu'il y a une pareille table à la fin des *Vies des Saints de Mombritius*, imprimées à Milan, sans date, mais qu'on sait l'avoir été vers 1479. On ne peut pas dire que les *cadrats* & *cadratins*, petites pièces de fonte plus basses que le caractère, & de différentes dimensions, qui servent à former les blancs dans l'impression, auxquelles d'ailleurs il est aisé de suppléer par des réglettes de bois, ne fussent pas connus dès les premiers temps de l'Imprimerie, témoins les vuides laissés dans les plus anciennes éditions pour les lettres initiales, les intitulés & les mots grecs ; témoins des poètes imprimés dès 1469. Je suis donc tenté de croire que dans ces premiers temps, l'imperfection de l'art, rendant au moins l'opération de numéroter les feuillets difficile & incommode pour les imprimeurs, ils laissèrent volontiers aux acheteurs le soin de chiffrer eux-mêmes leurs exemplaires, ou de les faire chiffrer par les écrivains qui étoient alors chargés de mettre la dernière main aux livres imprimés, en y ajoutant les lettres initiales, les rubriques & quelquefois les intitulés. Il paroît d'ailleurs qu'on n'a pas regardé autrefois les chiffres de feuillets comme une chose fort utile pour la commodité des lecteurs, puisqu'on trouve parmi les an-

D

ciennes éditions peu d'exemplaires où ils aient été ajoutés, & que même la plupart des anciens manuscrits ne sont pas chiffrés, ou ne l'ont été qu'après coup d'une main plus moderne. Enfin les chiffres se rencontrent très-rarement dans tout le cours du XVe. siècle, & ils ne sont devenus d'un usage général que vers le milieu du XVIe., lorsqu'on a commencé d'ajouter aux livres imprimés des index alphabétiques de matières ; & c'est en ce cas sur-tout qu'ils sont devenus indispensables. Ensuite, à mesure que par les progrès de l'Imprimerie, l'érudition est devenue plus commune, on a mieux senti l'utilité de cette méthode, qui donne aux auteurs la facilité de citer avec plus de précision, & aux lecteurs de vérifier plus promptement les passages cités.

Terminons ces recherches par une réflexion qu'elles amènent naturellement ; c'est qu'il eût été à souhaiter que depuis que le goût de la bibliographie a commencé à s'étendre, & à devenir l'objet d'une étude particulière, tous les auteurs, qui jusqu'à présent se sont occupés à rassembler des notices d'éditions du XVe. siècle, & particulièrement *MAITTAIRE*, ainsi que tous ceux qui ont rédigé des catalogues de bibliothèques fournies en ce genre d'éditions ; soit bibliothécaires pour les faire connoître au public, soit libraires chargés d'en faire la vente ; il eût été à souhaiter, dis-je, que tous ces auteurs, au lieu de se contenter dans les intitulés qu'ils donnent de ces anciennes éditions, d'indiquer la ville, le nom de l'imprimeur, la date & le format, euſſent ajouté non-ſeulement, *gothique* ou *romain*, *à longues lignes* ou *à colonnes*, & de *tant de lignes à la page*, mais encore *avec* ou *ſans chiffres, réclames, ſignatures* & *regiſtre*. Si cela eût été fait, on auroit actuellement des lumières certaines, & l'on ſauroit à quoi s'en tenir ſur les points d'hiſtoire typographique qui font le ſujet de ces recherches; & la Bibliographie du XVe. ſiècle ſeroit bien mieux connue qu'elle ne l'eſt encore juſqu'à préſent. Mais non-ſeulement les nomenclateurs d'anciennes éditions, n'ont pas travaillé ſur ce plan; mais les bibliographes mêmes, qui traitant *ex profeſſo* de la connoiſſance des livres rares, parmi leſquels les éditions de ce genre tiennent aujourd'hui un rang ſi diſtingué, ſe ſont attachés à les décrire, nous laiſſent preſque toujours quelque choſe à deſirer dans leurs notices.

FIN.

E R R A T A.

Page 19, *l.* 9, *après ces mots* : ſatyres de Philelphe, *mettez une virgule*, & *ajoutez*, trois éditions de 1476 :
Page 25, *l.* 6, *au lieu de ces mots* : ni ſignatures, *liſez* ni regiſtre.

NOUVELLES
OBSERVATIONS
SUR
LES SIGNATURES,

Contenant des Additions & Corrections aux Recherches précédentes.

J'AI trop avancé lorsque j'ai posé en fait dans les Recherches précédentes, que JEAN DE CO- LOGNE, imprimeur de Venise, avoit inventé les signatures, & qu'elles étoient absolument inconnues avant lui. Depuis la publication de ces Recherches, un heureux hasard m'a pro- curé l'occasion de voir & d'examiner de près un nombre assez considérable d'anciennes édi- tions, tant antérieures que postérieures à l'année 1474, toutes dans leur première reliure; & j'ai observé que presque tous ces volumes avoient des signatures manuscrites exactement pareilles aux signatures imprimées, mais différemment posées, puisqu'au lieu de l'être immédiatement au dessous de la dernière ligne, elles le font tout en bas & dans l'angle du feuillet: ce qui se faisoit visiblement avec l'intention qu'elles se trouvassent emportées par le couteau du relieur;

A

auſſi ai-je rencontré très-peu de volumes où elles ne le fuſſent pas en grande partie. Et à l'égard de ceux où je n'en ai apperçu aucune trace, ce n'eſt pas qu'ils n'aient eu leurs ſignatures comme les autres; mais c'eſt parce qu'ayant été rognés de plus près, le couteau les a totalement fait diſparoître (1). Ainſi donc, la poſition des ſignatures du *Dita-Mundi* de Vicence, en 1474, & de l'Horace de Milan, en 1476, qui m'avoit paru fort bizarre, n'eſt autre choſe qu'une première imitation de cet uſage.

Et en effet, en y réfléchiſſant avec plus d'attention, j'ai ſenti qu'il étoit difficile de concevoir comment, ſans le ſecours des ſignatures, les premiers imprimeurs euſſent pu aſſembler leurs livres, & conſerver l'ordre dans leurs magaſins;

---

(1) De plus de trente exemplaires de diverſes éditions antérieures à 1474, ayant de ces ſignatures manuſcrites, je me contenterai de citer les cinq ſuivans; ſavoir : du *Primo Secundæ*, du *Secunda Secundæ*, & de l'*Opus Quarti Scripti S. Thomæ*; trois éditions de Mayence, la première de 1471, la ſeconde de 1467, & la troiſième de 1469 : du *Continuum S. Thomæ in IV Evangeliſtas*, de Rome, 1470; & de la *Bible*, de la même Ville, en 1471. Ce ſeroit un ſubterfuge miſérable & auquel je ſuis bien éloigné de recourir, n'ayant d'autre intérêt que celui de la vérité, que de dire, pour maintenir ce que j'ai avancé, que ces exemplaires n'auront été reliés que pluſieurs années après l'impreſſion, depuis que les ſignatures ont été connues, & qu'elles n'y ont été ajoutées que lors de la reliure; tant par ce qu'il n'eſt nullement vraiſemblable qu'il en puiſſe être ainſi de tous les exemplaires qui m'ont paſſé par les mains, que parce qu'il eſt naturel de croire qu'à la naiſſance de l'Imprimerie, les acquéreurs des livres étoient fort empreſſés d'en jouir, & par conſéquent de les faire relier.

eux fur-tout qui étoient dans l'ufage de former
les cahiers de dix & quelquefois de douze feuillets , c'eft - à - dire , de cinq ou fix feuilles
pour l'*in-folio ;* & pour l'*in· 4ᵒ.* de huit feuillets
pour le moins, & fouvent de douze, c'eft-à-
dire, de deux ou de trois feuilles pliées en quatre.
Je ne parle point des autres formats, attendu
que , dans les premiers temps de l'Imprimerie ,
on n'a guères imprimé autrement qu'*in-folio* &
in-4ᵒ. ; que jufqu'après 1480, il feroit difficile
de rencontrer des livres de plus petite forme ;
& que fi l'on trouve fouvent dans les Bibliographes des éditions antérieures à cette époque,
dites *in-8ᵒ.*, c'eft qu'ils en ont mal reconnu le
format, qui eft véritablement *in-4ᵒ.*, mais fur
du papier plus petit.

Si , d'un côté, les imprimeurs euffent été
fort embarraffés d'affembler des feuilles dont
aucun figne n'auroit facilité la diftinction & l'arrangement, de l'autre, il eft aifé d'imaginer que
l'embarras n'eût été guères moindre pour les
relieurs, principalement pour les livres qui n'a-
voient point de regiftre : or on a pu voir, par
ce que j'en ai dit, qu'il s'en faut beaucoup que
cet ufage ait été général ; il étoit commun en
Italie, particulièrement à Rome, mais très-rare
en Allemagne ; & Schoyffer, entre autres,
n'en a jamais mis à fes éditions, non-plus que de
fignatures imprimées. Le regiftre, au furplus,
pour le dire ici en paffant, paroît n'avoir été
imaginé que pour guider les relieurs ; car,
quoiqu'à la rigueur on eût pu s'en fervir pour

A ij

l'aſſemblage d'une édition entière, ſur-tout dans un temps où l'on ne tiroit les livres qu'à trois, quatre & au plus cinq cents exemplaires, on ſent que ce procédé eût été très-incommode, & d'une extrême lenteur.

Quant aux chiffres de page qui pouvoient en quelque ſorte ſuppléer aux ſignatures, j'ai fait de même obſerver qu'ils ont été ſi peu en uſage dans les commencemens de l'Imprimerie, qu'à peine en connoît-on cinq ou ſix exemples avant 1480.

Je ſuis donc aujourd'hui convaincu qu'avant 1474, tous les imprimeurs, à meſure qu'ils imprimoient un livre, y faiſoient ajouter à la main des ſignatures à chaque cahier : car on auroit tort de croire qu'elles n'y euſſent été miſes que lors de la reliure de chaque exemplaire, pour guider le relieur ; puiſque, je le répète, il a fallu néceſſairement aux imprimeurs d'alors, comme à ceux d'aujourd'hui, un ſigne quelconque pour l'aſſemblage de leurs éditions. Voici d'ailleurs une eſpèce de preuve de fait à l'appui de ce que j'avance. Dans le nombre des anciennes éditions qui m'ont paſſé depuis peu par les mains, & que j'ai dit avoir donné lieu à ces obſervations, étoit un exemplaire d'une édition ſans date, mais jugée d'environ 1472, du *Conſolatorium timoratæ conſcientiæ*, de Jean Nyder, *in-4°*. Cet exemplaire a doubles ſignatures ; les unes en noir, tout-à-fait en bas & dans l'angle des feuillets ; les autres en rouge, un pouce plus haut. Or, il

(5)

me paroît on ne peut plus vraisemblable , que
les signatures en noir sont celles avec lesquelles
l'exemplaire est sorti de l'Imprimerie, & qu'il
a plu, je ne sais pourquoi, à l'écrivain qui l'a
rubriqué, d'y en ajouter d'autres en rouge.

Il résulte de tout ce que je viens de dire, que
l'invention des signatures n'appartient point à
JEAN DE COLOGNE, & qu'elles étoient connues
avant qu'il eût commencé à les imprimer avec
la page. Je conviens donc volontiers aujourd'hui
qu'il peut exister des manuscrits très-anciens &
bien antérieurs à l'origine de l'Imprimerie, avec
des signatures, ainsi que l'a dit l'Anonyme des
Tranfactions philofophiques. J'ai moi-même eu,
depuis peu, occasion d'en observer dans un
manuscrit du xive siècle : c'est une *Concordance
de la Bible*, sur vélin, de format *in-4°*. Mais il
est à propos de remarquer que ces signatures,
vraiment de la même main qui a exécuté le manuscrit, font différentes de celles usitées dans les
livres imprimés. Les cahiers font de dix feuillets, dont chacun des cinq premiers est marqué
en bas d'une des cinq premières lettres de l'alphabet, (*a*, *b*, *c*, *d*, *e*) ; ce qui recom-
mence ainsi à chaque cahier. Cela s'accorde
assez avec le (*figna*) *litteris vel notis numeralibus indicata* de l'Anonyme des *Tranfactions
philofophiques*, qui pourroit bien, & que je
préfume n'avoir vu dans ces manuscrits de mille
ans & plus, dont il parle, d'autres fignatures que de l'efpèce dont il s'agit ici, & quelquefois un fimple chiffre (*1*, *2*, *3*, &c.),

au lieu d'une lettre de l'alphabet. Alors il faudroit convenir que les signatures uſitées dans l'Imprimerie, ne ſont point celles qu'on a remarquées dans quelques anciens manuſcrits, & qu'elles en diffèrent autant que de celles des anciens livres d'images, & autres exécutés avec des planches de bois. On ſentira même, en y faiſant attention, qu'un pareil ſigne qui n'eſt point différencié à chaque cahier, ne pouvoit ſuffire ſeul pour aſſembler un volume, puiſqu'il n'indiquoit que l'ordre des feuillets de chaque cahier, ſans indiquer l'ordre des cahiers entre eux ; enforte qu'en outre il falloit néceſſairement, ou numéroter les cahiers, ou ajouter une réclame à la fin de chacun, (comme en effet elle ſe trouve dans le manuſcrit cité) ; au lieu qu'avec les ſignatures, telles qu'on les emploie dans l'Imprimerie, on pourroit ſe paſſer de réclames, & même de chiffres de page.

Réſumons : JEAN DE COLOGNE n'a point inventé les ſignatures, puiſqu'il eſt prouvé qu'avant lui les imprimeurs ſe ſervoient déja de ſignatures manuſcrites. A-t-il donné le premier l'exemple de les imprimer en 1474, & cette année eſt-elle la véritable époque des ſignatures imprimées ? J'ai cru pouvoir l'avancer, d'après les plus fortes vraiſemblances. Mais je dois être aujourd'hui moins affirmatif, & je ſuppoſe bien plus volontiers qu'auparavant, que le haſard pourra faire découvrir quelque édition ſignaturée, antérieure à cette époque. Qui ſait même s'il n'en exiſte pas pluſieurs de cette eſpèce, dont les signatures n'ont point été observées par ceux qui les ont vues dans leur première reliure, & ne s'apperçoivent plus aujourd'hui dans les exemplaires de seconde reliure, parce qu'elles ont été posées tout en bas de la page, comme dans les deux éditions que j'ai déja citées ? Il seroit même assez naturel d'imaginer que les premiers imprimeurs qui se sont servis de signatures imprimées, ont commencé par imiter la position de celles qu'il étoit d'usage d'ajouter à la main. Quoi qu'il en soit, le désaveu que je fais ici d'une erreur dans laquelle j'étois tombé, en attribuant à JEAN DE COLOGNE l'invention des signatures, ne détruit point ce que j'ai avancé touchant la fausseté de toutes les éditions signaturées qu'on a citées jusqu'à présent comme antérieures à l'année 1474, que je crois avoir démontrée jusqu'à l'évidence. Il y a plus ; une ou deux éditions, vraiment antérieures à cette époque, qui viendroient à se découvrir, ne seroient qu'une légère exception, qui n'empêcheroit pas au moins qu'on ne pût dire que JEAN DE COLOGNE est le premier qui ait fait un usage constant des signatures ; & que c'est par son exemple que, depuis 1474, cette méthode a commencé à s'accréditer.

Additions & Corrections particulières.

Page 11, ligne 14, après ces mots : sans nom d'Imprimeur, mettez un point & virgule, & ajoutez : & Juvénal avec le Commentaire de Calderin, par JACQUES DE RUBEIS, qui a imprimé la même année, sans signatures, le

Commentaire ou *Glose de Jean d'Imola sur les Clémentines*, & *Virgile*, avec le *Commentaire de Servius*.

Page 12, ligne 13, au lieu de ces mots : de chaque cahier, *lisez :* de chacun des feuillets signés.

Page 18, ligne 6, après ces mots : dans le cours de l'impression, *ajoutez :* PASQUIER BONHOMME qui imprima, la même année à Paris, les *Chroniques de Saint Denys*, en 3 vol. *in-folio*, y employa des signatures, mais seulement aux six derniers cahiers du 3 tome, qui sont signés des lettres *k*, *l*, *m*, *n*, *o*, *p*. Son édition est du 16 janvier ; celle de GERING est du 4. — *Ibid. lig. 15, après ces mots :* INNOCENT ZILETTI, *mettez une virgule, & ajoutez :* ainsi que dans les *Consilia Antonii Cermisonii medici*, imprimés à Bresse en cette même année, par HENRI DE COLOGNE.

Page 24, ligne 24, après ces mots : mais il les a remplacées par un registre, *ajoutez :* Enfin il n'a mis ni signatures, ni registre dans la *Bible de Nicolas de Lyre*, par lui imprimée en la même année 1485.

Page 34, supprimez en entier le paragraphe qui finit la page, & qui commence par ces mots : Supposera-t-on, &c.

Page 44, ligne 29, après ces mots : édition qui d'ailleurs a des signatures, *ajoutez :* Il y en a à tous les cahiers dans le *Summula Confessionis Sancti Antonini*, de 1476, & l'*Opus de restitutionibus, usuris & excommunicationibus Francisci de Platea*, de 1477 ; deux éditions du même JEAN DE COLOGNE, pareillement signaturées. J'en trouve encore, à la fin de chaque cahier, dans le *Manipulus Curatorum*, imprimé à Angers chez JEAN DE LA TOUR & JEAN MORELLI, en 1477, *in-4°.* ; mais elles ne commencent qu'au huitième cahier : ce volume en outre a des signatures.

Page 45, ligne 5, au lieu de ces mots : ces sept éditions, *lisez :* ces neuf éditions

Page 47, ligne 18, après ces mots : du même, *ajoutez :* & le *Vita Patrum de Saint Jérôme*, l'un & l'autre imprimés

Dans l'Errata, au lieu de 1746, *lisez* 1476.

F I N.

www.ingramcontent.com/pod-product-compliance
Lightning Source LLC
LaVergne TN
LVHW010321030726
842520LV00004B/1202